Pferde verstehen für Einsteiger - Pferdesprache lernen leichtgemacht

Wie Sie die Körpersprache von Pferden gekonnt lesen und eine enge Bindung zu Ihrem Pferd aufbauen

Fabienne Clemens

INHALT

Das erwartet Sie in diesem Buch

Haben Sie auch schon oft Bewunderung für „Pferdeprofis" wie Bernd Hackl, den man aus VOX kennt, empfunden und würden Sie am liebsten selbst mit Pferden flüstern? Oder haben Sie mit alltäglichen Problemen mit Ihrem Pferd zu kämpfen, die sie endgültig der Vergangenheit angehören lassen wollen? Dann ist dieser Ratgeber der erste Schritt für Sie in diese Richtung.

Als begeisterter Pferdemensch oder Neuling in der Pferdewelt erhalten Sie grundlegende

Kenntnisse über die Herkunft des Pferdes. Dabei sollen Sie unter anderem er-fahren, wie es sich im Lauf der Evolution entwickelt hat und warum. Außerdem er-halten Sie einen Einblick in die Geschichte, wie Mensch und Pferd zueinandergefunden haben und wie sich deren Verhältnis zueinander im Lauf der Zeit verändert hat.

Mit diesen theoretischen Kenntnissen werden Sie die Persönlichkeit Ihres vierbeinigen Freundes besser oder erst mal grundlegend verstehen, bevor Sie dann in die Kommunikation der Pferde eingewiesen werden. Um dann künftig auch erfolgreich mit Pferden kommunizieren zu können, werden Sie lernen, was es mit berühmten Zitaten von Rudolph G. Binding auf sich hat und wie Sie diese verinnerlichen können. Mit diesem Schlüssel wird es Ihnen gelingen, die darauffolgenden Tipps für den all-täglichen Umgang mit dem Pferd erfolgreich umzusetzen.

Das Fluchttier Pferd im Porträt

WARUM FLÜCHTEN PFERDE?

Jeder, der bereits mit Pferden zu tun hatte, wird schon mal davon gehört haben, dass es sich bei diesen um Fluchttiere handelt. Was das bedeutet, wissen aber die wenigsten bis ins Detail. Bevor Sie sich aber zu denjenigen zählen können, die dieses Wissen haben, geht es noch einen Schritt zurück in die Vergangenheit des Pferdes. Wir wollen uns anschauen, wie das Pferd zu dem wurde, was es heute ist, und warum es sich entsprechend entwickelt hat.

Der Ursprung des Pferdes existierte bereits vor ca. 55 Millionen Jahren und hatte in etwa die Form einer Antilope in Größe einer Katze. Es hatte also eine Schulterhöhe von ca. 25 – 50 Zentimetern, einen gewölbten Rücken, einen kurzen Hals und Beine sowie eine kurze Schnauze und einen langen Schwanz. Ein weiterer wesentlicher Unterschied zum heutigen Pferd waren die Zehen, vorn vier und hinten drei, die eher Pfoten als Hufe bildeten.

Das Urpferdchen, Eohippus oder Hyracotherium, dessen Ursprung in Nordamerika liegt, lebte in Wäldern, wo es sich von Blättern und Beeren ernährte. Übersetzt bedeutet Eohippus Pferd der Morgenröte oder Pferd des Eozäns, benannt nach der Epoche, in der es lebte. Neben dem ersten Vorfahren des Pferdes gilt es auch als Urform verschiedener anderer Säugetiere, von denen viele bereits ausgestorben sind. Bekannte, noch lebende Exemplare sind zum Beispiel der Tapir oder das Rhinozeros.

Irgendwann bewegten sich die Nachfahren des Eohippus nur noch auf Zehenspitzen fort, die sich hufähnlich verformt hatten. Die Außenzehen des Urpferdes entwickelten sich im Lauf seiner Evolution immer mehr zurück und der uns bekannte Einzelhuf entstand. Die Tiere wurden also standfester und vor allem belastbarer. Auch die Beine und der Körper wurden immer länger, der Brustkorb größer, wodurch sich die Pferde zunehmend schneller fortbewegen konnten. Mittlerweile konnten die Tiere ein beträchtliches Stockmaß von ca. 1,65 Metern erreichen. Die Augen wanderten, zur Erschließung eines größeren Blickfeldes, an die Seiten des Kopfes. Das Gehirn hatte ebenfalls an Größe dazugewonnen und das Gebiss sowie die Verdauung waren auf die Verarbeitung von Gras angepasst, von dem das Pferd sich nun zwangsläufig ernähren musste, denn die Umwelt, in der es zu Hause war, hatte sich enorm verändert. Statt Wälder, die ihnen mit ihrem Laub Deckung bieten konnten, bewohnten die Tiere nun weite Graslandschaften, in denen sie den Fleischfressern mehr oder weniger schutzlos ausgeliefert waren. Die Entwicklungsschritte zu ihrer äußerlichen Veränderung waren also überlebensnotwendig, um weiter existieren zu können.

Während der fünf Zeitintervalle, in denen sich das Pferd nach und nach veränderte, bis es schließlich zum Equus wurde, gab es verschiedene Abspaltungen, also Entstehung und Koexistenz verschiedener Spezies, von denen das heutige

Pferd die einzig übrige ist. Seine Entwicklung war demnach nicht geradlinig, was unter anderem auch darauf zurückzuführen ist, dass es begann, von Nordamerika über die Beringstraße nach Europa und Asien zu wandern. Zwei Kontinente, die damals noch nicht durch den Atlantik getrennt waren. In seiner ursprünglichen Heimat, Nordamerika, starb das Pferd aus. Warum, ist nicht bekannt. Zurückgebracht wurde es aber durch den Menschen, als dieser den Kontinent besiedelte. Das war lange Zeit, nachdem Mensch und Pferd zueinandergefunden hatten.

Im Lauf ihrer gemeinsamen Geschichte wurde das Pferd vom Menschen unterschiedlich genutzt. Ganz zu Beginn betrachteten Menschen das Pferd lediglich als Jagdbeute, was einigen Höhlenmalereien, beispielsweise in Frankreich, zu entnehmen ist. Pferde dienten den Menschen also zunächst nur als Fleischlieferanten und ihre Milch wurde getrunken, da sie sehr süßlich schmeckt.

Es wird davon ausgegangen, dass es ab ca. 3500 vor Christus die asiatischen Botai waren, die die ersten Wildpferde einfingen und zähmten. Ganz sicher ist das nicht geklärt, wahrscheinlich kam das Pferd mehr oder weniger zeitgleich an verschiedenen Orten der Welt als Nutztier zum Einsatz. Sicher ist aber, dass der Mensch von dieser Verbindung profitierte. Ohne das Pferd wären wir heute vermutlich nicht da, wo wir sind.

Die hervorragende Eignung der Pferde als Lastenträger, als es noch keine Räder gab, wurde bald erkannt. Mit der Entwicklung von Rädern wurden Pferde dann vor Karren gespannt, um noch schwerere Lasten zu ziehen. Außerdem wurden sie geritten. Zu Pferd waren Menschen plötzlich mindestens doppelt so schnell wie zu Fuß, was es ermöglichte, weite Strecken zurückzulegen und neue Gebiete zu erschließen. Somit kam das Pferd in Gegenden, in denen es noch unbekannt war und fortan ebenfalls genutzt werden konnte. Auch traten die Menschen mit Unbekannten in Kontakt, was den Handel und die Entwicklung von Sprachen förderte. Allerdings sorgte die erweiterte Bewegungsfreiheit der Menschen auch zunehmend für Konflikte. Eine neue Ära der Pferdenutzung begann somit in der Kriegsführung.

Mit ihren unterschiedlichen Einsatzgebieten begannen die Menschen schon früh, verschiedene Rassen zu züchten. Das Araberpferd entstand beispielsweise bei den Beduinen. Es sollte sehr schnell und ausdauernd sein, um den Nomaden bestmöglich zu dienen. Während der Kriege im Mittelalter musste das Pferd besonders groß sein, um die Ritter mit ihren schweren Rüstungen tragen zu können. Auch die Kelten, Germanen und Wikinger brachten immer weitere Rassen hervor, wie das Islandpony, das sich auch heute noch großer Beliebtheit erfreut.

Gern genutzt wurden Pferde vor allem in der Landwirtschaft. Große Kaltblüter mit starker Zugleistung wurden vor die schweren Pflüge gespannt, um Acker umzupflügen. Auch heute kommen sie dafür wieder vermehrt zum Einsatz, um die Umwelt zu schonen. Sie dienen dabei unter anderem auch bei forstwirtschaftlichen Arbeiten.

Im alten Rom wurden Pferde für die beliebten Wagenrennen genutzt, die der Belustigung des römischen Volkes dienten. Das Pferd hatte sich also in verschiedenen Bereichen etabliert und war aus dem Leben der Menschen nicht mehr wegzudenken.

Erst, als das Auto entwickelt wurde, wäre das Pferd beinahe verdrängt worden, doch seine vielfältigen Einsatzmöglichkeiten zeigten sich auch dann und es wurde vom Arbeits- zum Sporttier.

Mit der Nutzung hat sich die Beziehung zwischen Menschen und Pferd stark gewandelt, denn unersetzlich ist das Pferd im modernen Zeitalter nicht mehr. Das ist auch gut so, denn oft genug mussten Pferde unter dem Einsatz durch den Menschen sehr stark leiden. Seitdem der Mensch das Pferd in seinen Besitz gebracht hat, versucht er, es mit Gewalt zu kontrollieren, damit es das tut, was er von ihm will.

Heute gibt es zwar leider immer noch viele schwarze Schafe, was das angeht, doch im Großen und Ganzen hat sich das Pferd vom vielfältig eingesetzten Nutztier zum geschätzten Freund entwickelt, mit dem viele von uns gern ihre Freizeit verbringen. So ist es auch zu erklären, dass immer mehr Menschen sich für die Bedürfnisse des Pferdes interessieren und dafür, wie sie ihm auf freundschaftlicher Basis begegnen können.

Nachdem wir nun wissen, wie sich das Pferd im Lauf der Zeit entwickelt hat, zum Menschen kam und von diesem genutzt wurde, gilt noch aufzuklären, worum es sich bei dem Fluchttier handelt.

Pferde als Pflanzenfresser sind Beutetiere. Sie sind also immer auf der Flucht, bzw. müssen immer bereit sein, zu flüchten. Mit ihren seitlich angelegten Augen haben sie ein Blickfeld von beinahe 360 Grad. Um zu überleben, müssen sie potenzielle Gefahren schnellstmöglich erkennen und genauso schnell darauf reagieren. Das bedeutet, dass ein Pferd beim Erspähen eines unbekannten Gegenstands, beim Hören eines lauten Geräuschs oder Riechen eines bedrohlichen Geruchs etc. sofort bereit sein muss, loszurennen, denn es könnte sich um einen Fressfeind handeln, der es töten könnte, wenn es nicht schneller wäre.

Deshalb sind Pferde zu ihrem Schutz auch in der Lage, besser zu riechen und leisere und höhere Töne wahrzunehmen als wir Menschen, wodurch es für uns oftmals nicht nachvollziehbar erscheint, wovor das Pferd sich gerade erschrocken hat. Über den Boden schleifende Seile könnte es als Schlangengeräusche identifizieren, knackende Äste könnten Anzeichen für aus dem Gebüsch springende Raubtiere sein. Diese banalen Dinge, über die wir uns so oft keine Gedanken machen, können das Pferd für uns unberechenbar und dadurch auch gefährlich machen, denn es gilt, nie zu vergessen, welche enorme Kraft und Stärke von diesen Tieren ausgeht. Wenn sie also scheuen, weil sie sich vor etwas erschrocken haben und ihr Instinkt ihnen zur Flucht rät, kann es leicht passieren, dass sie den Menschen verletzen, weil er beispielsweise den Strick nicht loslässt und mitgeschleift wird. Es ist daher essenziell zu verstehen, dass das Pferd in erster Linie immer versuchen wird, zu flüchten, um einer Gefahr zu entkommen. Die friedfertigen Fluchttiere gehen nur im äußersten Notfall zum Kampf über, etwa dann, wenn sie nicht flüchten können, weil sie beispielsweise in ihrer Box eingesperrt sind. Werden sie in einer solchen Situation bedrängt, kann es natürlich schon passieren, dass sie beginnen, zu steigen und zu beißen, um sich zu verteidigen.

Versetzt man sich also erstmals in die Lage, immer auf der Flucht zu sein, sieht man die Welt plötzlich mit ganz anderen Augen. Plötzlich kann man sich gut vorstellen, dass Momente der Entspannung nahezu unmöglich scheinen und es erscheint dann umso logischer, dass Pferde im Herdenverbund leben. Einerseits gibt ihnen das Sicherheit und Schutz, andererseits sind sie sehr soziale Tiere, für die die Gesellschaft ihrer Artgenossen wichtig ist, um nicht zu vereinsamen.

Wenn ein Tier aus der Herde das Signal zur Flucht gibt, werden ihm die anderen mit hoher Wahrscheinlichkeit folgen, da jede Sekunde des Zögerns den sicheren Tod bedeuten kann. Dabei spielt die klare Rangordnung eine wichtige Rolle, denn Pferde sind in der Lage, zu differenzieren, ob es sich bei dem alarmschlagenden Pferd um ein junges und unerfahrenes Exemplar handelt oder ein gefestigtes, dessen Einschätzung eher zu vertrauen ist. Durch diese Fähigkeit sind die Tiere auch in der Lage, voneinander zu lernen.

Die Herde bietet dem Pferd also nicht nur Schutz, sondern auch Ruhe zum Schlafen und Fressen. Die Leitstute führt sie zu guten Wasser- und Futterstellen. Ihrer Einschätzung vertraut der Rest der Herde und orientiert sich daran. Sie ist für das Überleben aller verantwortlich.

WIE KOMMUNIZIEREN PFERDE?

Pferde haben nicht viele Laute, mit denen sie sich mitteilen können. Das ist auch gut so und ist auf den gleichen Grund zurückzuführen, aus dem sie sich zu großen Tieren, die in der Lage sind, schnell zu rennen, entwickelt haben: Sie sollen möglichst unentdeckt bleiben.

Die Laute, die sie haben, sind beispielsweise das Wiehern. Pferde wiehern, wenn sie aufgeregt sind, zu ihrer Herde zurückkehren oder die Stute ihr Fohlen ruft.

Außerdem können Pferde leise schnauben bzw. brummeln, was sie oft auch zur Begrüßung ihres Menschen machen. Sie können schrill quietschen, wenn sie ein anderes Pferd abwehren, und sie können prusten, wenn sie zufrieden sind. Ein ängstliches oder neugieriges Pferd hört man zudem meistens schnorcheln. Ist es entspannt, schnaubt das Pferd gern laut aus, wodurch gleichzeitig die Atemwege befreit werden. Knirschende Zähne, Stöhnen und Schnaufen sind dagegen meist Anzeichen für Schmerzen.

Hauptsächlich teilen sich Pferde aber über ihre Körpersprache mit. Sie sind also darauf angewiesen, Signale zu senden und auf solche zu reagieren. Das ist aber noch lange nicht alles, was sie können. Pferde sind in der Lage, kleine Bewegungen in weiter Ferne sowie Emotionen viel besser zu erkennen als wir Menschen.

Im Sekundenbruchteil können sie beurteilen, mit welcher Gefühlslage ein Artgenosse auf sie zukommt. Nur dadurch ist es möglich, schnell zu beurteilen, ob Gefahr im Verzug ist und ob sie flüchten sollten. Pferde lesen immer und ständig die Signale, die ihnen ihre Umwelt sendet, also auch die des Menschen. Daher können sie auch schnell einschätzen, wenn jemand Angst vor ihnen hat. Ihre eigenen Emotionen etc. teilen sie durch ihren Gesichtsausdruck, ihre Körperhaltung und Bewegungen sowie ihr Ohrenspiel mit.

Als Herdentier ist das Pferd sehr sozial. Es baut Freundschaften auf, kann aber auch Feinde haben. Wenn gute Freunde lange Zeit voneinander getrennt werden, können sie sich bei erneuter Begegnung wiedererkennen. Befreundete Pferde spielen miteinander, kraulen sich am Mähnenkamm gegenseitig und laufen miteinander umher. Befeindete Pferde gehen sich aus dem Weg. Sollte das nicht möglich sein, kann es passieren, dass sie mit angelegten Ohren aufeinander losgehen und sich beißen oder auch mit den Hinterhufen nach dem anderen treten.

Das Ohrenspiel ist das am leichtesten erkennbare Signal eines Pferdes, das es senden kann. Normal aufgerichtete Ohren zeigt es, wenn es seinen Menschen begrüßt oder etwas gesehen hat, dem es seine Aufmerksamkeit schenken möchte. Ist es angespannt, sind die Ohren stark aufgerichtet und haben einen engen Abstand zueinander. Ein schlafendes Pferd hält den Kopf gesenkt und hat die Ohren stark nach außen gerichtet. Seine ganze Mimik zeigt Entspannung. Ist es dagegen unsicher, ist die Mimik angespannt und die Ohren sind seitlich abgestellt.

Hat das Pferd Stress oder ist, warum auch immer, aggressiv, legt es die Ohren an. Die Augen sind dann weit aufgerissen, womöglich versucht es zu beißen und alles an dem Tier wirkt bedrohlich. Wenn ein Pferd einem so gegenübertritt, sollte man es nicht berühren, sondern von ihm weggehen. Ist ein Ohr nach vorn und eins nach hinten gestellt, ist das Pferd noch unentschlossen, für welches Geräusch es sich mehr interessieren soll. Beim Reiten bedeuten nach hinten gerichtete Ohren, dass es sich auf den Reiter und seine Anweisungen konzentriert. Sind die Ohren beim Reiten also dauerhaft nach vorn gerichtet, ist es nicht bei der Sache.

Neben den Ohren verrät auch der Schweif viel über den Gemütszustand des Pferdes. Wenn er leicht angehoben ist und entspannt von einer Seite auf die andere pendelt, ist es entspannt und fühlt sich wohl. Bei Angst klemmen Pferde den Schweif zwischen die Beine. Um Insekten zu vertreiben, schlägt das Pferd energisch mit dem Schweif. Gleiches tut es, wenn ihm etwas nicht passt, ihm eine Situation unheimlich ist oder eine unangenehme Atmosphäre herrscht. Mit angehobenem Schweif rennen Pferde bei Aufregung oder Übermut, wenn sie zum Beispiel auf die Koppel gebracht und losgelassen werden.

Wenig Beachtung wird fälschlicherweise dem Maul geschenkt, das doch aber so vieles verraten kann. Ist das Pferd entspannt, hängt seine Unterlippe herunter. Bei Unwohlsein, Schmerzen oder Angst ist es verkniffen oder stark zusammengepresst. Um zu flehmen, legen Pferde den Kopf nach hinten und strecken die Oberlippe hoch, sodass man die Zähne sehen kann. Sie machen das, um besonders wohlriechende Gerüche, die sie interessant finden, besser wahrzunehmen. Am Gaumen haben sie für ebensolche Gerüche ein spezielles Riechorgan. Häufiges Flehmen kann aber auch ein Anzeichen von Schmerz sein, wie beispielsweise bei Magengeschwüren. Unter Fohlen dient das sogenannte „Unterlegenheitskauen" zur Demonstration von Unterwürfigkeit einem ranghöheren Tier gegenüber. Dabei werden sowohl Ober- als auch Unterlippe über die Zähne gezogen und Kaubewegungen gemacht.

Was uns oft nicht bewusst ist, ist, dass Pferde auch auf Gerüche gern mit Flucht reagieren. So können sie zum Beispiel ein Feuer schon auf weite Distanz bemerken. Es ist demnach nicht weiter verwunderlich, dass die Nüstern des Pferdes ebenso aussagekräftig über sein Empfinden sind wie alles bisher Genannte auch. Bei weit geblähten Nüstern steht das Tier in den Startlöchern zur Flucht. Sollte es tatsächlich losrennen, dienen die geweiteten Nüstern der besseren Luftzufuhr und Versorgung des Organismus mit Sauerstoff.

Ganz besonders interessant sind die Augen des Pferdes. Viele Menschen denken, alle Pferde hätten traurige Augen, doch das stimmt so nicht. Pferde in schlechter oder falscher Haltung drücken ihr mangelndes Wohlbefinden durch die Augen aus. Sie können nicht sprechen und sagen, dass sie unglücklich sind. Hat das Pferd jedoch alles, was es braucht, nämlich Artgenossen, viel Bewegung, Platz, Licht und frische Luft, sehen die Augen ganz entspannt aus, sind wach und glänzen. Man kann ihm ansehen, dass es zufrieden ist.

Bei Angst werden sie dagegen weit aufgerissen, sodass das Weiße um die Iris sichtbar ist. Manche Pferde rollen dann sogar mit den Augen. Das sogenannte Stressdreieck in Form steiler Falten, stumpfe und trübe Augen können zudem Anzeichen von Schmerzen des Tieres sein.

In der Kommunikation der Pferde untereinander spielt die Rangordnung wieder eine wichtige Rolle. Pferde sind folgsam, wenn der Rang geklärt ist, wodurch sie ihr Überleben sichern. Jedes Pferd folgt dem Ranghöheren und gemeinsam folgen sie, wie bereits erwähnt, der Leitstute. Wie alles im Leben ist die Rangordnung im Fluss, denn junge Tiere werden älter und erfahrener, schwächere sinken in der Hierarchie und neue werden eingeordnet. Interessanterweise nutzen hauptsächlich die rangniedrigsten Pferde ihre körperliche Stärke, um im Rang höher zu steigen. Je weiter oben ein Pferd steht, desto weniger körperliche Mittel braucht es, da es sich den Respekt der Herde verdient hat. Von seinem Instinkt, seiner

Wachsamkeit und Erfahrung hängt das Leben aller ab. Es hat also eine Autorität, eine Art innere Stärke. Die Auseinandersetzungen in der Herde zur Klärung des Rangs dienen der Klärung der Folgsamkeit, die das Schicksal aller bestimmt und das Überleben der Herde sichert. Pferde sind es also gewohnt, im Zweifelsfall eine sofortige Entscheidung darüber zu treffen, wer über und wer unter ihnen steht. Sie teilen dies mittels ihrer Körpersprache mit. Zum Beispiel dann, wenn sie auf ein neues Herdenmitglied stoßen. Zunächst werden sich die Tiere beschnuppern, womöglich quietschen und mit dem Vorderbein ausschlagen. Einem Tier, das sie als schwächer betrachten, werden sie mit angelegten Ohren drohen, was meistens schon ausreichend ist, um es dazu zu bringen, zu weichen.

In jedem Fall ist die Körpersprache des Pferdes aber immer Ausdruck seiner Gefühle. Es zeigt damit, was gerade in ihm vor sich geht.

Um die Kommunikation der Pferde zu verstehen, müssen wir also auch ihre Psychologie begreifen.

Ab dem Tag ihrer Geburt richtet sich bei Pferden alles nach ihrem Gefühl. Der Geist teilt sich dem

Körper mittels dieses Sprachrohrs mit. Es ist das Erleben von Spannung und Erregung sowie das Beruhigen und Entspannen. Dies zu verinnerlichen, bedeutet, sich mit dem Bewusstsein zu beschäftigen. Das Gefühl ist immer ein bewusster Zustand aufgrund innerer und äußerer Erlebnisse. Emotionen dagegen sind nur die Reaktion darauf, sie lassen Gefühle sichtbar werden. Das kann spontan passieren oder Ergebnis gesammelter Erfahrungen sein. Beispielsweise dann, wenn das Pferd eher unsicher ist und in seinen Ängsten immer wieder bestärkt wurde.

Im Umgang und der Kommunikation mit Pferden ist es entscheidend, sich seiner Gefühle immer bewusst zu sein und seine Emotionen kontrollieren zu können. Ist man dazu nicht in der Lage, sitzt man auf einem Pulverfass, dessen Explosion sowohl für den Menschen als auch das Pferd gefährlich werden kann.

Das Pferd kann zwei unterschiedliche Arten von Gefühlen vermitteln und auf sie reagieren. Das direkte Gefühl ist die Aufnahme physischen Kontakts mittels Nase, Zähnen, Hufen etc. oder die Reaktionen auf den Menschen, der es mittels seines Körpers berührt, sei es über die Hände, die Schenkel, Sporen oder die Gerte.

Mit dem indirekten Gefühl kommunizieren Pferde mittels eines Blicks, einer Bewegung, ohne dabei direkten körperlichen Kontakt zu haben.

Durch ihr Gefühl dirigiert die Leitstute das Denken und Handeln der gesamten Herde mit dem Ziel, deren Überleben zu sichern. Jedes Pferd ist in der Lage, durch sein Gefühl ein anderes Pferd so zu beeinflussen, dass es dessen Bewegung, dessen Richtung und Geschwindigkeit bestimmen kann.

Vielleicht haben Sie schon mal davon gehört, dass es bei Pferden darauf ankommt, wer wen bewegt. Sprich, kommt ein Pferd auf Sie zu und Sie weichen instinktiv zurück, weiß es, dass es Sie in die Richtung bewegen kann, in die es Sie gern schicken möchte: offensichtlich weg von ihm. Bleiben Sie aber stehen und machen Sie sich groß oder gehen Sie sogar einen entschiedenen Schritt auf das Tier zu, können Sie es bewegen. Ist ihm der nun geringere Abstand zu Ihnen zu klein, wird es zwangsläufig zurückweichen müssen, um ihn zu vergrößern, da Sie ihm gezeigt haben, dass Sie sich nicht von ihm wegschicken lassen und ihm somit nicht nachgeben.

Wenn auch wir Menschen das Prinzip der direkten und indirekten Gefühle der Pferde verstehen und richtig anwenden, können wir sowohl den Geist als auch den Körper unserer vierbeinigen Freunde so lenken, dass sie das tun, was wir von ihnen wollen – und das ganz ohne Gewalt. Dann ist es möglich, das Handeln der Pferde und ihr Denken so zu beeinflussen, dass die gemeinsame Sicherheit in nicht unerheblichem Maße gewährleistet ist.

Es gibt verschiedene Ansätze, die beschreiben, wie Menschen mit Pferden kommunizieren sollten. Das liegt unter anderem daran, dass das komplexe Verhalten dieser Tiere nicht vollständig erforscht ist und wir in vielerlei Hinsicht noch immer im Dunkeln tappen. Was aber sicher scheint, ist, dass das Pferd den Menschen nie wie einen Artgenossen sehen wird. Das liegt daran, dass der Mensch nicht mit ihm lebt und kommt, um es zu holen, um dann Dinge mit ihm zu machen, die es mit keinem anderen Pferd machen würde. Oder haben Sie schon einmal ein Pferd ein anderes reiten sehen? Daher scheint dann sehr fragwürdig, ob zwischen Mensch und Pferd tatsächlich die Rangordnung geklärt sein muss, wie oft behauptet wird, denn es handelt sich um kein Herdengefüge.

Dennoch strebt das Pferd immer nach Folgsamkeit und wird, wenn es die Erfahrung macht, dass es seinem Menschen nicht vertrauen kann, immer selbst Entscheidungen für sich treffen, um sein Überleben zu sichern. Konkret heißt das, dass es dann in Situationen, die es als gefährlich einstuft, die Flucht ergreifen wird. Unwissende würden solche Pferde als besonders schreckhaft bezeichnen, dabei fehlt meist nur das nötige Vertrauen. Ist dieses gegeben, überlässt das Tier nämlich dem Menschen die Entscheidung, ob eine Flucht angemessen erscheint.

Sie werden schon gemerkt haben, das Verstehen und Lernen der Pferdesprache ist nicht annähernd mit dem einer Fremdsprache zu vergleichen. Das Ganze ist viel komplexer, erfordert viel Einfühlungsvermögen und vor allem die Bereitschaft, an sich selbst zu arbeiten.

Es ist unbedingt notwendig, zu begreifen, wie Pferde denken, um ihr Handeln nachvollziehen zu können und sie nicht etwa für etwas zu bestrafen, für das sie schlicht nichts können, weil sie einfach aus ihrem Instinkt heraus gehandelt haben.

Wir dürfen nie vergessen, dass Pferde Fluchttiere sind, wenn wir ihnen begegnen. Dieses Wissen muss unseren gesamten Umgang mit ihnen bestimmen und immer im Vordergrund stehen, wenn wir uns Mal wieder fragen, warum das Pferd etwas tut, was wir im ersten Moment in keiner Weise nachvollziehen können. Verinnerlichen wir diese Kenntnisse und die aus dem Leben als Fluchttier logischerweise resultierenden Verhaltensweisen, können wir dem Pferd automatisch mit viel mehr Geduld gegenübertreten.

Dabei ist es ebenfalls wichtig zu wissen, dass die linke und die rechte Gehirnhälfte des Pferdes kaum im Austausch miteinander stehen. Das erklärt, warum das Pferd oftmals auf den gleichen Gegenstand unterschiedlich reagiert, wenn es ihn von der jeweils anderen Seite noch mal sieht. Die Informationen, die das linke Auge aufgenommen hat, fließen durch den Sehnerv in die rechte Gehirnhälfte. Sie gelangen nach der Verarbeitung aber nur zu etwa zwanzig Prozent in die linke Gehirnhälfte. Das heißt, das Pferd kann zwar auf dem Hinweg ruhig an einer Holzbank vorbeigegangen sein, die es mit dem linken Auge wahrgenommen hat. Auf dem Rückweg scheut es aber dennoch, da es mit dem rechten Auge nur eine ungefähre Ahnung davon hat, dass diese auftauchen wird.

Dieses Wissen erleichtert es ungemein, dem Pferd Verständnis dafür entgegenzubringen, dass gruselige Gegenstände immer von beiden Seiten aus betrachtet werden müssen und die jeweils andere Sichtweise auch unterschiedliche Reaktionen hervorrufen kann.

Ebenso wichtig ist es, dass Pferde tendenziell mehr zwei- als dreidimensional sehen können. Lediglich ein kleines Gesichtsfeld ermöglicht es ihnen, Dinge dreidimensional wahrzunehmen. Gegenstände, die das Pferd also genauer unter die Lupe nehmen will, wird es versuchen, in dieses Gesichtsfeld zu bringen, indem es seinen Kopf so dreht, dass dies möglich ist. Ein solches Verhalten ist also kein Ungehorsam und man sollte es seinem Pferd immer zugestehen, die Position seines Kopfes entsprechend zu verändern. Tut man das nicht, kann es schnell passieren, dass das Pferd scheut, weil es das Unbekannte doch als Gefahr einstufen muss, da es nicht erkennen konnte, wie harmlos es vielleicht ist. Wenn das Pferd versucht, einen Gegenstand durch Bewegen des Kopfes anders zu betrachten, kann das auch daran liegen, dass es beide Augen benötigt, um ihn scharf zu sehen. Das wird das Pferd vermutlich besonders dann machen, wenn es sich bei dem Gegenstand um etwas ihm Unbekanntes handelt. Anders als wir Menschen sind Pferde nicht in der Lage, Dinge mit einem Auge zu fokussieren.

Außerdem spielt das Thema Motivation, wie auch bei uns Menschen, für das Handeln der Pferde eine große Rolle. Alles, was das Pferd tut, tut es entweder, um etwas Unangenehmes zu vermeiden, oder weil es sich etwas Angenehmes davon verspricht. Es geht allerdings niemals destruktiv vor. Will es beispielsweise ein anderes Pferd wegschicken, wird dieses sofort in Ruhe gelassen, sobald es gewichen ist und nicht unnötig attackiert. Ein Pferd, das ein anderes grundlos jagt und angreift, gibt es so also in der Regel nicht.

Pferde handeln außerdem immer konsequent. Sie lassen ihre Artgenossen die Folgen ihres Tuns spüren. Das heißt, ist das andere Pferd gewichen und wird in Ruhe gelassen, weiß es, dass es sich richtig, bzw. gewünscht verhalten hat. Das wird es sich merken und beim nächsten Mal vielleicht gleich weichen, anstatt einen Biss oder Tritt zu provozieren.

Friedliebend, wie die Fluchttiere sind, ist körperliche Gewalt gegeneinander meist der letzte Schritt einer Folge von Andeutungen, die das gewünschte Verhalten beim Gegenüber auslösen sollen. Pat Parelli hat diese Schritte als die „four phases" beschrieben. Nehmen wir beispielsweise zwei Pferde an der Heuraufe. Das eine frisst bereits, das andere nähert sich ihm von hinten. Es beschließt, den Platz an der Raufe für sich allein zu beanspruchen. Im ersten Schritt wird es demnach die Ohren anlegen und mit seiner Nase zum anderen giften. Reicht das nicht aus, den Konkurrenten zu vertreiben, wird das Verhalten wiederholt und zusätzlich ein Schritt auf diesen zugemacht. Erst, wenn auch das nichts bringt, folgt Schritt drei. Das Pferd wird die Nüstern blähen und einen Biss androhen oder sogar zubeißen. Im letzten Schritt würde es dann Gebrauch von seiner Hinterhand machen und nach dem anderen treten. Diese natürlichen Folgen, die der amerikanische Pädagoge Dreikurs beschrieb, sind die logischen Konsequenzen aus unerwünschtem Verhalten. Ihre Ausführung erfolgt weder aus Strafe noch aus

Rache, sondern stets freundlich und auf Basis gegenseitigen Respekts.

Will der Mensch dieses Konzept im Umgang mit dem Pferd anwenden, muss er also immer auf Stufe eins beginnen. Erst nach und nach darf der Druck erhöht werden, wenn das Pferd nicht die gewünschte Reaktion zeigt. Die Kunst liegt dabei in der Erhöhung der Energie und der Selbstreflexion. Bevor das Pferd mehr Druck erfährt, sollte man sich die Frage stellen, ob man die gewünschte Forderung klar kommuniziert hat oder das Pferd vielleicht gar nicht verstehen konnte, was man von ihm wollte.

Wie wir bereits wissen, kommunizieren Pferde hauptsächlich mithilfe ihrer Körpersprache. Demnach lesen sie also auch die unsere. Es ist also gar nicht möglich, nicht mit dem Pferd zu kommunizieren, wenn man ihm gegenübertritt, da es jedes Signal, und sei es ein noch so kleines Zucken, unseres Körpers wahrnimmt und interpretiert. Es ist aber möglich, dem Pferd so viele Signale gleichzeitig zu senden, dass es verwirrt ist und nicht mehr versteht, was das Gegenüber will. Daher ist es immer hilfreich, sich genau zu überlegen, was man will und wie man das dem Pferd am leichtesten verständlich machen könnte. Sobald wir etwas von einem Pferd wollen, beginnen wir, mit ihm zu kommunizieren. Beispielsweise dann, wenn wir über die Wiese gehen wollen und uns plötzlich ein Pferd gegenübersteht. Bitten wir es dann freundlich, ein Stück beiseite zu gehen, oder nehmen wir eine Gerte, um es zu verjagen, oder laufen wir einfach um es herum? Wir sollten uns immer im Vorfeld bewusst sein, wie wir dem Pferd begegnen wollen, um Missverständnisse zu vermeiden. In jedem Fall sollte unser Handeln immer konsequent sein, denn auch, wenn das Pferd uns möglicherweise nicht als Artgenossen ansieht, der entweder über oder unter ihm steht, wird es die Praktiken, die es anderen Pferden gegenüber anwendet, auch im Umgang mit uns zur Anwendung bringen.

Das Pferd denkt immer in den gleichen Bahnen. Anstatt es zu vermenschlichen und Dinge in sein Verhalten zu interpretieren, zu denen es schlicht nicht in der Lage ist, sollten wir also beginnen, uns zu verhalten wie ein Pferd und ihm kommunikativ auf der Ebene zu begegnen, die es versteht und nachvollziehen kann. Nur so ist es möglich, Vertrauen und eine jahrelang währende Partnerschaft aufzubauen.

Pferde können einen demnach nicht veräppeln, auch wenn dies in vielen Reitschulen nach wie vor fälschlicherweise vermittelt wird. Aber das Pferd ist gar nicht imstande und auch nicht gewillt, eine bewusste Entscheidung darüber zu treffen, wie es uns am meisten ärgern kann. Es liegt in seiner Natur, friedlich zu bleiben. Sind wir also an dem Punkt, an dem ein Pferd uns gegenüber seine Stärke demonstriert und wirklich gefährlich wird, ist dies meist die Folge eines viel zu lange und zu oft praktizierten falschen Handelns ihm gegenüber. Im Klartext, wenn das Pferd so versucht, dem Menschen zu entgehen, hat dieser in der Vergangenheit vieles falsch gemacht. Meist entwickeln sich solche Vorkommnisse schleichend. Deshalb ist es wichtig, sich immer zu reflektieren, denn als goldene Regel gilt, wenn das Verhalten des Pferdes sich zunehmend in die falsche Richtung entwickelt, es beispielsweise beginnt, gegenüber einem aggressiv zu werden, muss man sich fragen, was man falsch gemacht hat.

Denken wir nur wieder an die Motivation der Pferde. Wie bereits erwähnt, tun sie Dinge nur, wenn sie sich etwas Angenehmes davon versprechen oder etwas Unangenehmem ausweichen wollen. Verhalten wir uns dem Pferd gegenüber also beispielsweise gewalttätig und verprügeln es mit der Gerte, wird es sich entweder dem Druck entziehen und vorwärtsgehen, wie von uns gewünscht, oder es wählt einen anderen Weg, indem es beschließt, uns absteigen zu lassen. Die Kraft, die Pferde haben, ist niemals zu unterschätzen, und daher ist es klar, dass jedes Pferd, das beschließt seinen Reiter loszuwerden, dieses Ziel früher oder später erreichen wird, wobei wir wieder beim Thema Gefahr im Umgang mit dem Pferd wären.

Mit Sicherheit ist es die oft unterbewusste Angst vieler Menschen, das Pferd beherrschen zu wollen, die sie dazu verleitet, viel zu schnell gewalttätig und unfair zu werden. Das ist aber definitiv immer der falsche Weg, denn erstens kann man ein Pferd mit Kraft nicht reiten und zweitens braucht es Vertrauen zwischen Reiter und Pferd, um eine innige Beziehung zueinander zu entwickeln. Das soll also heißen, wenn das Pferd nicht vorwärtsgehen will und stattdessen vielleicht rückwärtsgeht oder ganz stehen bleibt, dann tut es dies vielleicht deshalb, weil es die Erfahrung gemacht hat, dass es dann in Ruhe gelassen wird. In jedem Fall sieht es sein Verhalten nicht als „Verarsche" an, sondern als Maßnahme, um etwas Unangenehmerem zu entgehen. In jedem Fall sieht es sein Handeln immer als richtig an, was es erst recht erforderlich macht, dass wir uns hinterfragen und versuchen, einen Weg zu finden, der dem Pferd verständlicher macht, was wir von ihm wollen.

Nun gibt es dann aber selbstverständlich Situationen, in denen wir dem Tier noch so liebevoll verdeutlichen können, dass wir jetzt gern vorwärts- statt rückwärtsgehen würden, und es dennoch stehen bleibt oder weiter zurückweicht. Dann empfiehlt es sich, mindestens einen Schritt zurückzugehen und dem Pferd auf einer anderen Basis zu begegnen. Beispielsweise sind ehemalige Schulpferde des Reitens meist überdrüssig und haben sich unter anderem oben beschriebene Verhaltensweise angeeignet, um sich zu entziehen. Wir werden sie dann wohl kaum davon überzeugen können, dass wir anders sind und es Spaß macht, uns auf dem Rücken zu tragen. Hier müssen einige Dinge erst wieder ins Lot gebracht werden, damit wir mit dem Pferd Spaß haben können und das Pferd auch mit uns. Das sollte immer der Anspruch im Umgang mit diesen Tieren sein, dass auch sie Freude an dem haben, was wir mit ihnen machen, und sich freuen, wenn wir wiederkommen, weil sie wissen, dass sie etwas Spannendes erwartet, worauf auch sie Lust haben.

Ein Pferd, das nicht mehr gern geritten wird, sollte über Bodenarbeit gearbeitet werden und die Erfahrung machen, dass es schön sein kann, Zeit mit Menschen zu verbringen, und dass diese Zeit nicht immer gleichzeitig etwas Unangenehmes bedeuten muss. Ist auf dieser Basis erst mal eine vertrauensvolle Beziehung geschaffen, kann man sich wieder ans Reiten wagen. Das sollte man dann in kleinen Schritten tun und mit viel Lob verbinden. Im Umgang und der Kommunikation mit dem Pferd ist es wichtig, geduldig zu sein, denn diese kleinen Schritte können bis zu monate- bzw. jahrelange Arbeit bedeuten, werden dann aber umso mehr belohnt, wenn man am Endziel angekommen ist.

Es ist also hilfreich, sich immer viele kleine Zwischenziele zu setzen, die nicht in allzu weiter Ferne liegen und realistisch erreichbar sind, um die eigene Motivation aufrechtzuerhalten, immer weiterzumachen und nicht aufzugeben. Außerdem muss man prinzipiell davon ausgehen, dass die Arbeit mit Pferden nicht in einem Schritt nach dem anderen erfolgt, sondern nach drei Schritten nach vorn vielleicht zwei zurück gemacht werden müssen. Das ist vor allem meist dann der Fall, wenn das Pferd in irgendeiner Hinsicht traumatisiert ist. Berücksichtigt man diese Punkte, begegnet dem Pferd mit viel Geduld, Konsequenz und hat seine Emotionen so weit im Griff, dass man ihm gegenüber niemals unfair beziehungsweise gewalttätig wird, erarbeitet man sich nach und nach eine Beziehung, die auf unterschiedlichen Ebenen so wertvoll ist, dass man sie erlebt haben muss, um sie in Worte fassen zu können.

Um also wieder darauf zurückzukommen, wie Pferde mit uns kommunizieren, ein kleiner Denkanstoß: „Sei leise zu deinem Pferd, dann hört es dich besser und du es auch." (Quelle unbekannt)

Was uns das sagen will? Ganz einfach, weniger ist oftmals mehr. Feinfühligkeit und

Losgelassenheit sind die beiden wichtigsten Aspekte in der Arbeit mit dem Pferd.

Wie ausführlich behandelt, kennen Pferde die Regeln, nach denen sie leben, um ihr Überleben zu sichern, in- und auswendig und wenden diese genauso an. Dadurch können Menschen sie leicht beherrschen, was es so wichtig macht, ihnen gut zuzuhören, denn sie hören uns immer zu und nehmen unsere Ängste und Schwächen aber auch unsere Fähigkeiten und Stärken wahr. So, wie sie uns kennen, kennen wir uns kaum selbst. Menschen sind es gewohnt, ihre Gefühle zu verbergen. Doch was unseresgleichen gegenüber ein Kinderspiel ist, gelingt im Umgang mit den Pferden nicht.

Um mit Pferden in Kontakt zu treten, sollten Sie, wie Sie bereits wissen, Ihre Emotionen gut kontrollieren können. Begrüßen Sie Ihren Partner am besten, indem Sie ihn streicheln, sofern möglich. Somit nehmen Sie mittels direktem Gefühl Kontakt auf und treten friedlich in den persönlichen Raum des Pferdes ein. Sie zeigen ihm, dass dieses Raumnehmen nicht unangenehm sein muss, und Sie helfen ihm dabei, sich bei Ihnen sicher und wohlzufühlen. Das ist wichtig, denn auch das Pferd wird immer wieder in Ihren persönlichen Raum eintreten, sodass es für beide Seiten hilfreich ist, wenn die jeweils andere ihr dabei Geborgenheit geben kann.

Im Alltag mit dem Pferd gibt es etliche Situationen, die wir an dieser Stelle leider nicht alle ausführlich behandeln können, deshalb gehen wir nur auf ausgewählte Ereignisse ein, die jeder mit dem Pferd erleben wird oder vielleicht schon erlebt hat.

Sich einem Pferd zu nähern, das einen noch nicht kennt, ist zum Beispiel so komplex, wie die wenigsten wahrscheinlich vermuten würden. Das heißt, auch hier kann schon Etliches falsch gemacht werden.

Nähern Sie sich dem Pferd, indem Sie hektisch, frontal auf es zugehen und ihm dabei fest in die Augen sehen, haben Sie so ziemlich alles falsch gemacht.

Sie sollten sich stattdessen immer seitlich nähern und das weder zu schnell noch zu langsam, um nicht in eine Art Anschleichen zu verfallen. Schauen Sie ihm nicht in die Augen und machen Sie keine unkontrollierten Bewegungen, etwa wild um den Hals zu fallen, wenn Sie bei ihm sind. Lassen Sie es einfach an Ihrer Hand schnuppern, die Sie ihm ruhig entgegenstrecken. So zeigen Sie ihm, dass Sie keine Gefahr für es darstellen, und Sie geben ihm die Möglichkeit, Sie genau zu inspizieren, bevor Sie etwas von ihm wollen, wie beispielsweise ein Halfter anzuziehen.

Wir wissen bereits, wie das Pferd mit einzelnen Körperteilen verschiedene Emotionen zum Ausdruck bringen kann. Im Zusammenspiel können diese verschiedenen Zeichen immer andere Bedeutungen haben. Schauen wir uns nochmals genauer die Körpersprache an, um einen besseren Eindruck zu bekommen, wie wir mit ihm kommunizieren müssen.

Es kommt immer darauf an, in welcher Stellung das Pferd zu Ihnen steht und in welche Richtung es sich fortbewegt. Klingt einfach, doch Sie werden schnell feststellen, dass es viel Übung bedarf, um dieses Vokabular einwandfrei zu beherrschen.

Stehen Sie Ihrem Pferd frontal gegenüber, sodass Sie ihm in die Augen schauen können, bedeutet dies, dass Sie es auffordern, von Ihnen wegzubleiben. Platzieren Sie sich allerdings so, dass Sie ihm im rechten Winkel auf den Widerrist schauen können, sagen Sie ihm, dass es näherkommen soll.

Am Vorbild der Leitstute konnte schon Monty Roberts beobachten, dass jedes Pferd früher oder später Anstalten machen wird, sich versöhnlich und auf der Basis zu zeigen, dass es seine Bereitschaft zuzuhören signalisiert. Das kann sich dadurch äußern, dass es mit gesenktem Kopf das Maul über dem Boden hin und her bewegt. Das Senken des Halses, sodass die Nase Richtung Boden geht, ist in der Kommunikation mit dem Pferd also ein sehr wichtiges Signal, das es sich immer wieder zu erarbeiten gilt. Auch beim Reiten haben wir immer das Ziel, dass der Kopf herunterkommt. Wenn das Pferd den Kopf gesenkt hält, kann es weder flüchten noch seine Artgenossen oder mögliche Fressfeinde sehen. Es zeigt mit dieser Körperhaltung an, dass es bereit ist, zu verhandeln.

Solange das Pferd vorwärts-abwärts geritten wird, stärkt es nicht nur seine Rückenmuskulatur, wie meist ausschließlich gelehrt wird, sondern es ist in der Lage, Informationen zu verstehen und sie umzusetzen. Diese Haltung, in der der Rücken schwingen, der Hals gesenkt und die Nase leicht vor der Senkrechten sein soll, ist enorm wichtig und wird doch so oft falsch praktiziert. Viele Pferde, die auf Turnieren vorgestellt werden, tragen den Kopf weit hinter der Senkrechten. Sie werden in ihrer Ausbildung meist mit schrecklichen Ausbindetechniken, wie Schlaufzügeln, gequält, die sie in diese Position drängen. Mit Losgelassenheit hat das allerdings wenig zu tun. Will man sein Pferd korrekt vorwärts-abwärts reiten, kommt es darauf an, dass das Tier den Weg in die Tiefe von ganz allein findet. Jeder Lernschritt kann in dieser Position am besten trainiert werden und das Pferd ist so am sichersten zu reiten. Dieses reelle Reiten garantiert sowohl dem Menschen als auch dem Pferd Schonung sowohl physischer als auch psychischer Natur.

Gehen wir nochmals näher auf das Thema Blickkontakt ein: Wie bereits erwähnt, können Sie Ihrem Pferd unbewusst das Signal senden, dass es Ihnen fernbleiben soll, wenn Sie ihm in die Augen sehen. Pauschal lassen sich Blicke aber nicht als Signale abstempeln, da auch hier die Feinfühligkeit der Pferde wieder zum Tragen kommt. Wenn der Blick auf andere Körperteile gerichtet wird, kann dies die Änderung der Richtung des Tieres veranlassen. Schauen Sie dem Pferd also beim Longieren versehentlich in die Augen, kann das dazu führen, dass es stehen bleibt. Sehen Sie dagegen seine Hinterhand an, läuft es weiter. Sie können sich merken, dass direkter Blickkontakt im Tierreich meist Konfrontation bedeutet, deshalb sollte man nicht nur Pferden nicht direkt in die Augen schauen.

Ein gesenkter Blick bedeutet Unterwürfigkeit und sendet das Signal, dass das Gegenüber nicht gefährdet ist. Wird also der direkte Blickkontakt unterbrochen, zeigt das dem Pferd, dass es bleiben, bzw. näherkommen kann. Sie werden feststellen, dass Ihr Pferd, wenn es merkt, dass Sie seine Körpersprache bewusst zu steuern beginnen, anfangen wird, nachzudenken. Das äußert sich dann im Lecken der Lippen. Kaubewegungen zeigen, dass es dabei ist, Informationen zu verarbeiten. Lecken und Kauen sind immer die Vorboten einer bevorstehenden Verhaltensänderung. Eine Erfahrung wird wahrgenommen und verarbeitet.

Ein weiterer interessanter Punkt in der Pferdekommunikation ist das Thema Vorstoß und Rückzug, ein Phänomen, das nahezu unglaublich erscheint. Das beste Beispiel hierfür ist die Methode der Cherokee-Indianer, Wildpferde einzufangen. Anstatt auf flachen Ebenen zu versuchen, die Tiere mit Lassos zu fangen oder sich andere

Mittel einfallen zu lassen, setzten sie auf Geduld und viel Ausdauer. Sie verfolgten die Herde einfach einige Tage, ohne sie dabei zu jagen oder zu hetzen. Als sie dann irgendwann kehrtmachten, folgte die Herde ihnen und sie mussten sie nur noch in vorbereitete Bereiche treiben, um einige Exemplare fangen zu können. Sicher fragen Sie sich jetzt, woran das liegt. Erklären kann man das Ganze mit dem Prinzip von Druck und Gegendruck, das im Umgang mit dem Pferd immer eine große Rolle spielen wird.

Anders als Menschen geben Pferde nicht nach, wenn sie Druck erfahren. Dass ein Pferd also auf den reiterlichen Schenkel reagiert, ist keine Selbstverständlichkeit und will gelernt sein. Von Natur aus hält das Pferd nämlich bei Druck dagegen. Das kommt daher, dass es seine Verletzungen nur verschlimmern würde, die ein Raubtier ihm zugefügt hätte, wenn es darauf mit Flucht reagieren würde. Stattdessen muss es dagegenhalten, wodurch zumindest die Chance besteht, den Schaden zu begrenzen. Im Umgang mit uns Menschen wird das Pferd daher auch nicht gleich nachgeben, denn weichen würde für es bedeuten, dass es verloren hätte. Die Indianer müssen also Druck auf die Pferde ausgeübt haben, der sie zwar nicht in die Flucht geschlagen hat, aber auch nicht so immens war, dass sie mit Gegendruck reagieren mussten. Das Prinzip, das hierbei griff, war das des indirekten Gefühls. Durch die gemeinsame Zeit, in der die Indianer der Herde folgten, war eine Beziehung entstanden, dass die Pferde ihnen aufgrund des aufgebauten Vertrauens nachgingen.

Um also zu erreichen, dass Ihr Pferd sauber mit Ihnen kommunizieren kann, müssen Sie es schaffen, den Zustand zu erreichen, dass es Ihrem Gefühl folgen kann. Dazu müssen Sie sich auf es einlassen und es durch Beobachtung so gut kennenlernen, dass Sie in der Lage sind, Veränderungen in seinem Verhalten sofort festzustellen. In andere Worte gefasst, sind Respekt und Einfühlungsvermögen wichtige Bausteine, um in der Kommunikation dahin zu kommen, das Pferd dazu zu bringen, dass es einem folgt.

Pferdesprache lernen

WAS BRAUCHT ES, UM EIN PFERD ZU FÜHREN?

Nachdem wir ausführlich behandelt haben, wie Pferde miteinander und auch mit uns kommunizieren, gilt es zu beantworten, was es braucht, um dem Pferd ein guter Führer zu sein, denn, wie wir gelernt haben, strebt das Pferd immer nach Folgsamkeit. Das heißt, entweder verdienen wir uns die seine oder es trifft seine Entscheidungen allein – ein Weg, der, wie bereits erwähnt, für uns sehr gefährlich werden kann und niemals zum Ziel einer echten Freundschaft führen wird. Wenn das Pferd nicht in der Lage ist, seinem Menschen zu vertrauen, wird es zu vielem, was auf einer vertrauten Beziehung basiert, nicht bereit sein und man wird immer wieder an Punkte kommen, an denen es die Grenzen seiner Bereitschaft, dem Menschen entgegenzukommen, zeigen wird.

Kennen Sie den Spruch: „Du triffst kein Pferd zufällig. Entweder ist es für dich eine Aufgabe, eine Chance oder die ganz große Liebe. Nicht selten treffen auf ein Pferd alle drei Punkte zu. Und das ist ein echtes Geschenk." (Quelle unbekannt)

Sie sollen daraus mitnehmen, dass es nicht mit jedem Pferd möglich ist, die gleiche Verbindung aufzubauen. Das ist wie bei uns Menschen auch. Wir können auch nicht jeden leiden und wollen mit ihm befreundet sein. Das heißt nicht, dass wir nicht prinzipiell mit jedem Pferd versuchen können, zu kommunizieren und zu arbeiten, doch wenn die Chemie zwischen Ihnen und Ihrem Pferd einfach nicht stimmt, wird es unmöglich sein, größere gemeinsame Ziele zu erreichen. Nehmen Sie als Beispiel den berühmten, erst vor Kurzem verstorbenen Hengst Totilas: Als er mit seinem Reiter Edward Gal international erfolgreich war und dadurch bekannt wurde, war es für das Team möglich, mehrere Rekorde aufzustellen. Der Hengst wurde dann für viel Geld verkauft, doch fand mit seinem neuen Reiter nie derart zusammen, dass an bisherige Erfolge hätte angeknüpft werden können.

Wenn Sie schon auf mehreren Pferden geritten sind, werden Sie wissen, dass Sie sich auf manchen sicherer fühlten als auf anderen. Das ist völlig in Ordnung, denn dem Pferd geht es nicht anders. Die Grundvoraussetzungen sollten also schon durch Sympathie gegeben sein. Dabei spielt auch Selbstüberschätzung des Menschen oft eine große Rolle. Viele Menschen kaufen sich ein Pferd, mit dem Sie von vornherein überfordert sein werden, da sie einfach nicht die nötigen Voraussetzungen für das Handling mit diesem mitbringen. Es gilt nämlich, je unerfahrener der Reiter, desto erfahrener sollte das Pferd sein. Der Irrtum, ein junges Pferd könne zusammen mit einem Anfänger lernen, endet meist in schwerwiegenden Problemen. Der Mensch sollte also in der Auswahl seines Pferdes immer realistisch sein, was den Stand seiner Fähigkeiten und Fertigkeiten angeht, und seine Ansprüche an den künftigen Freizeitpartner lieber zurückschrauben und nochmals genau überdenken. Wenn Sie unerfahren sind, können Sie von einem älteren Pferd, das Ihnen als Professor dient, unheimlich profitieren. Umgekehrt gilt, wenn Sie viel Know-how im Umgang mit Pferden haben, also auch schon mit Jungpferden gearbeitet haben und dabei erfolgreich waren, können Sie selbstverständlich auch ein jüngeres Exemplar wählen, das Sie dann nach Ihren Vorstellungen und Wünschen ausbilden können.

In jedem Fall müssen Sie sich die Folgsamkeit Ihres Pferdes zunächst verdienen. Wir haben bereits herausgearbeitet, dass es für die gute Führung eines Pferdes mehrerer Eigenschaften bedarf, die der Mensch mitbringen muss. Nur dann ist gewährleistet, dass die Beziehung zwischen ihm und dem Tier auf einem starken Fundament des Vertrauens basiert. Viel zu oft passiert es nämlich, dass Menschen denken, das Pferd folge ihnen, obwohl sie es lediglich so eingeschüchtert haben, dass es sich gar nicht mehr traut, etwas anderes als das vom Menschen Erwartete zu tun. Eine echte Freundschaft kann so aber niemals entstehen. Ganz im Gegenteil: Je mehr das Pferd seinen Menschen fürchtet, desto mehr wird es sich auch emotional von ihm entfernen. In potenziellen

Gefahrensituationen wird es ihm nicht vertrauen und immer selbst die Entscheidung treffen, was zu tun ist, was für seinen Menschen unter Umständen auch sehr gefährlich werden kann.

Diese Angst, die Pferde leider viel zu oft entwickeln, ist in der Tatsache begründet, wie oft sie Gewalt im Umgang mit dem Menschen erfahren. Nicht zuletzt bei den Olympischen Spielen im Jahre 2021 haben wir gesehen, wie selbstverständlich es für viele Menschen ist, ein Pferd mit einer Gerte zu schlagen oder gar richtig zu verprügeln. Gewalt ist im Umgang mit dem Pferd leider häufiger an der Tagesordnung, als der Laie vielleicht vermuten würde. Das liegt unter anderem am Unwissen, mangelnder Geduld und der falschen Annahme, man käme dadurch schneller ans gewünschte Ziel. Das ist aber definitiv ein Irrtum. Es gilt, nie zu vergessen, dass der längere Weg in der Zusammenarbeit mit dem Pferd immer der nachhaltigere sein wird, von dem sich lange zehren lässt. Hat man erst einmal den Grundstein für eine fundierte, gesunde Beziehung zu seinem Pferd gelegt, kann man in so vieler Hinsicht darauf aufbauen, dass sich das Warten mehr als auszahlen wird. Versprochen!

Was sind also die Eigenschaften, die man im Umgang mit dem Pferd braucht? Ganz klar: Respekt, Geduld, Konsequenz und Vertrauen. Diese vier Säulen sind essenziell und bedingen sich teilweise gegenseitig.

Das Vertrauen bildet dabei die Basis für eine gute Beziehung. Um es zu erarbeiten, sollten die anderen drei Säulen nie außer Acht gelassen werden und stets Anwendung finden. Es gilt also zunächst, Vertrauen aufzubauen. Das ist meist ein langer Weg, abhängig davon, wie viele schlechte Erfahrungen das Pferd schon gemacht hat und wie schnell es bereit ist, dem Menschen zu vertrauen. Diese Bereitschaft wird davon beeinflusst, wie konsequent der Mensch im Umgang ist und dass er respektvoll und ohne Gewalt agiert. Wenn das Pferd lernt, dass der Mensch sich in gleichen Situationen immer gleich verhält, wird es in der Lage sein, sein Verhalten künftig einschätzen zu können, sodass es möglich wird, dass sich Pferd und Reiter teilweise blind verstehen. Diese Konsequenz bedeutet zum Beispiel, dass das Pferd nicht grasen darf, wenn man mit ihm spazieren geht. Darf es heute grasen und morgen hindern Sie es daran, wird es übermorgen wieder versuchen, zu grasen, denn seine Motivation ist, dass es sich davon etwas Angenehmes verspricht. Sind Sie aber immer konstant in Ihrer Entscheidung, dass das Pferd nicht grasen darf, wenn Sie mit ihm unterwegs sind, wird es das irgendwann auch gar nicht mehr versuchen, da es weiß, es wird damit nicht durchkommen.

Ihre Konsequenz macht Sie für Ihr Pferd kalkulierbar. Es weiß, woran es bei Ihnen ist und wie es sich verhalten soll, um von Ihnen Lob zu erfahren. Inkonsequenz dagegen verwirrt Ihr Pferd. Es kann nicht wissen, dass Sie heute schlicht keine Lust darauf haben, sich durchzusetzen, weil Sie einen schlechten Tag haben, und morgen wieder andere Regeln gelten. Durch solche Verwirrungen können ebenfalls Missverständnisse entstehen, die in schwerwiegende Probleme ausarten können. Mit Konsequenz tun Sie also nicht nur Ihrem Pferd, sondern auch sich selbst einen wichtigen Gefallen.

Mithilfe positiver Verstärkung halten Sie Ihr Pferd motiviert und Sie bringen es dazu, sich darauf zu freuen, Zeit mit Ihnen zu verbringen. Und je mehr Zeit Sie miteinander verbringen, in der das Pferd gute Erfahrungen mit Ihnen macht, desto mehr wird es Ihnen vertrauen. Außerdem ist positive Verstärkung das Mittel, um Pferde, die die Lust am Umgang mit dem Menschen verloren haben, wieder zu motivieren, wie oben bereits angedeutet.

Die Ausbildung des Pferdes muss aber so gestaltet werden, dass das Pferd sich im Endergebnis möglichst gefahrlos, im Interesse aller Beteiligten, verhält. Es darf also nicht entscheiden, ob es jetzt über die Straße geht oder nicht, und es darf genauso wenig mit Gewalt behandelt werden. Der Mittelweg der positiven Verstärkung beinhaltet, dass das Pferd lernt, dass es Menschen weder beißen noch treten darf, und zwar, ohne dass es Verbote erhält. Man bestraft also nicht das falsche Verhalten, sondern lobt jeden Schritt in die richtige Richtung – und sei er noch so klein. Das erfordert sehr viel Geduld, womit sich auch an dieser Stelle der Kreis der vier Säulen wieder schließt. Will man das praktizieren, ist wieder einmal Selbstreflexion der Schlüssel sowie das Arbeiten an den eigenen Schwächen und deren Beseitigung.

Wie schon Rudolph G. Binding, ein deutscher Schriftsteller, sagte:

„Dein Pferd ist dein Spiegel. Es schmeichelt dir nie. Es spiegelt dein Temperament. Es spiegelt auch seine Schwankungen. Ärgere dich nie über ein Pferd. Du könntest dich ebenso über deinen Spiegel ärgern." Oder: „Reiten ist erst dann eine Freude, wenn du durch eine lange Schule der Geduld, der Feinfühligkeit und der Energie gegangen bist, die dir das Pferd erteilt."

Was er uns damit sagen will, ist so simpel und gleichzeitig doch so schwer: Nur, wer wirklich bereit ist, an sich und seinen Schwächen zu arbeiten, um mit dem Pferd so kommunizieren zu können, dass es keine Missverständnisse gibt, wird in der Lage sein, es zu verstehen und letztlich zu führen. Außerdem zeigt er die Notwendigkeit, seine Emotionen im Griff zu haben, auf. Wenn Sie also einen stressigen Tag haben und völlig abgehetzt in den Stall kommen, ist es das Beste, sich gar nicht erst auf Ihr Pferd zu setzen, da Sie ihm gegenüber mit hoher Wahrscheinlichkeit unfair agieren werden. Machen Sie dann stattdessen einfach einen Spaziergang oder putzen Sie es ausgiebig. Davon haben Sie dann beide mehr.

Es bringt nichts, sein Pferd als Problem abzustempeln und zu versuchen, das Tier zu verändern, damit es den eigenen Vorstellungen entspricht. Die Erkenntnis ist also, wenn die Beziehung zwischen Mensch und Pferd nicht gut läuft oder an einem Punkt angekommen ist, an dem es sogar gefährlich wird, ist es an der Zeit, sich zu hinterfragen. Selbstreflexion ist dann angesagt. Fragen wie: „Was habe ich falsch gemacht?", „Was muss ich verändern?", „Wann hat das Problem angefangen und womit?", etc., bedürfen dann einer Antwort.

Diese Wahrheit, dass die Probleme nicht mit dem Pferd, sondern dem Menschen beginnen, tut oft weh und will gern verdrängt werden. Doch es ist leider so, nur wer bereit ist, an sich zu arbeiten, kann eine Verbesserung erzielen. Man darf nie vergessen, dass jedes Pferd in der Lage ist, uns seine Sprache zu lehren. Wir müssen nur zuhören, dann ergibt sich vieles von ganz allein. Außerdem ist das Pferd, wie bereits erwähnt, immer der Meinung, seine Reaktion sei die richtige. Es kann auch gar nicht bewusst über sein Handeln nachdenken und sich somit auch nicht reflektieren. Ein weiterer Grund, warum der Mensch diesen Part übernehmen muss. Die Unfähigkeit des bewussten Fällens von Entscheidungen ist auch die Erklärung dafür, warum es gar nicht möglich ist, dass das

Pferd einen zu veräppeln versucht. In solchen falsch interpretierten Situationen versucht es lediglich, seiner Motivation, etwas Unangenehmem zu entkommen, nachzugehen.

Es ist nie zu spät, an der Beziehung zu seinem Pferd zu arbeiten und diese zu verbessern. Selbst, wenn schon gravierende Probleme zutage getreten sind, ist es meist möglich, das Ruder herumzureißen. Professionelle Hilfe kann dann eventuell ratsam sein, denn wer sich eingesteht, dass er Fehler gemacht hat, die er allein nicht beheben kann, hat einen entscheidenden Vorteil denjenigen gegenüber, die das vehement abstreiten und immer weitermachen wie bisher. Man kann sich grundsätzlich merken, dass Probleme, die klein beginnen und immer schlimmer werden, offensichtlich nicht richtig angegangen werden.

Ein Beispiel hierfür wäre ein Pferd, das seinen Besitzer umrennt, in ihn hineinspringt, wenn es sich erschreckt, etc. Solche Situationen können schnell gefährlich werden und sogar darin ausufern, dass das Pferd den Menschen verletzt. Dafür kann es dann verschiedene Gründe geben. Es kann sein, dass durch mangelndes Verständnis bzw. falsche Kommunikation Signale gesendet werden, die das

Pferd entsprechend interpretiert, die so aber nie vom Menschen gemeint waren. Das fängt dann bereits mit kleinen Schritten an, über die sich der Mensch gar nicht bewusst ist. Wenn das Pferd sich beispielsweise nach dem Reiten den Kopf an seinem Reiter reibt und diesen dabei fast umwirft, wird dies fälschlicherweise oft als Geste der Zuneigung missverstanden. Das Pferd hat aber lediglich nicht den notwendigen Respekt, denn gegenüber einem ranghöheren Tier würde es sich auch niemals so verhalten. Nun wird der Mensch zwar nicht zwingend als ranghöher oder -niedriger angesehen, aber das Pferd schließt aus den Folgen, den Konsequenzen, seines Handelns auf die jeweilige Folgsamkeit, wie wir bereits erfahren haben.

Das bedeutet, wenn Sie es zulassen, dass Ihr Pferd Ihren persönlichen Bereich nicht akzeptiert und Sie sogar als Kratzbaum verwendet, wird es auch in vielen anderen Bereichen immer respektloser Ihnen gegenüber auftreten. Wenn Sie es beispielsweise am Halfter führen, wird es Ihnen auch dabei zu nahe treten und keinen nötigen Abstand wahren. Dann kann es leicht passieren, dass es Ihnen auf die Füße tritt und in Sie hineinspringt, wenn es sich erschreckt. Ein solches Problem der

Respektlosigkeit kann zunehmend ausarten und im Extremfall die Form annehmen, dass das Tier Sie regelrecht attackiert, wenn Sie etwas von ihm verlangen, worauf es in diesem Moment keine Lust hat.

Was Sie daraus lernen sollen, ist das Folgende: Wenn Sie merken, dass mit dem Pferd im Umgang etwas schiefläuft und dies immer schlimmer wird, was meist in kleinen Schritten geschieht, wie die four phases von Pat Parelli beschreiben, müssen Sie beginnen, sich selbst zu reflektieren. Offensichtlich verstärken Sie die Problematik, sodass das Pferd sich immer mehr erlauben kann. Also brauchen Sie einen anderen Denkansatz, eine neue Herangehensweise, die wiederum das Aufkommen gefährlicher Situationen im Keim ersticken kann. Was Sie also auch mitnehmen sollen, ist, dass die vier Säulen, Vertrauen, Konsequenz, Respekt und Geduld, sich zwar einerseits gegenseitig erschließen, andererseits unbedingt von beiden Parteien eingehalten werden müssen. Zwar erarbeitet größtenteils der Mensch durch die Reflexion seiner Art des Umgangs mit dem Pferd die Erfolge in der Beziehung, aber wenn das Pferd nicht dahin gehend ausgebildet wird, dass es sich gleichermaßen gegenüber dem Menschen verhält, wird es auch dadurch bald zum Stillstand kommen und eine wahre Freundschaft wird nicht möglich sein.

Alles müssen wir dem Pferd dabei nicht beibringen. Das meiste, wie Konsequenz und Geduld, lehrt es uns selbst, denn seine Bereitschaft, an die Dinge heranzugehen, fordert von uns entsprechende Geduld und unter Umständen viel Zeit. Viele Pferde zeigen sowohl beim Reiten als auch im alltäglichen Umgang ihre Konsequenz, indem sie jeden Fehler des Menschen sofort bestrafen. Diese Strafe muss nicht immer in Aggression enden oder für uns sofort ersichtlich sein. Es kann auch schon das Anlegen der Ohren sein, das signalisiert, dass das, was Sie gerade getan haben, dem Tier nicht gefallen hat. Beispielsweise haben Sie beim Putzen eine zu harte Bürste verwendet. Würden Sie nun eine weichere nehmen, würde es die Ohren entsprechend wieder nach vorn richten und Ihnen damit zeigen, dass Sie richtig gehandelt haben.

In Sachen Konsequenz können wir sogar meist vom Pferd lernen, denn wenige Menschen sind so konsequent wie Pferde. Am besten nehmen Sie sich die Zeit und beobachten den Umgang der Pferde innerhalb der Herde, wenn diese beispielsweise auf der Koppel ist. Dadurch können Sie vieles mitnehmen und Sie werden sehen, dass die Tiere in ihrem Verhalten immer beständig sind. Wie wir bereits wissen, ist diese Beständigkeit überlebensnotwendig für das Fluchttier Pferd.

Dies kann sich dann dadurch äußern, dass rangniedrigere Tiere mit einem Biss weggeschickt werden, weil sie dem ranghöheren zu nahegekommen sind. Sie werden feststellen, nach einigen Wiederholungen oder bereits beim nächsten Annäherungsversuch wird das rangniedrigere Pferd weichen, wenn das andere nur die Ohren anlegt. Es wird sich also nicht noch mal derartig nähern, da es nicht wieder gebissen werden will, denn hier greift das gleiche Prinzip wie oben bezüglich des Grasens auf Spaziergängen beschrieben. Sie tun Ihrem Pferd also einen großen Gefallen, wenn Sie es schaffen, auch immer beständig zu sein, sodass Sie für es einschätzbar sind.

Was wir den Pferden aber unbedingt beibringen müssen, ist der Respekt vor dem Menschen. Das müssen nicht zwingend Sie machen, denn je nachdem, wie alt Ihr Pferd war, als es zu Ihnen kam, hat es diesen vielleicht schon in der Vergangenheit gelernt. Dann muss nur daran gearbeitet werden, dass es diesen nicht verliert und frech wird, um oben beschriebene Probleme zu vermeiden. In jedem Fall ist das Thema gegenseitiger Respekt ein sehr großes, denn hier sind wir wieder an dem Punkt, dass der Mensch das Pferd fälschlicherweise gern einschüchtert, um Gefahr zu vermeiden. Gegenseitigen Respekt kann man wunderbar mithilfe von Bodenarbeit erarbeiten und erhalten.

Sie ist ein Mittel, wodurch das Pferd spielerisch lernt, Abstand zu wahren, auf die Körpersprache seines Gegenübers zu reagieren und entsprechende Signale umzusetzen. Dadurch können auch Sie Ihre Körpersprache verbessern. Diese Arbeit mit dem Pferd macht bei korrekter Ausführung meist beiden Parteien sehr viel Spaß. Im nächsten Kapitel sollen Sie dazu Übungen erhalten, die Sie mit Ihrem vierbeinigen Freund ausprobieren können.

Vorher machen wir noch einen Abstecher zu einem Thema, das bereits mehrere Male angedeutet, aber noch nicht näher behandelt wurde.

Sie werden gemerkt haben, dass wir an verschiedenen Stellen dieses Buches auf das Thema Gefahr eingegangen sind. Das hat den Grund, dass von Pferden natürlich ein großes Gefahrenpotenzial ausgeht. Immerhin sind die Tiere mindestens 500 kg schwer und haben eine enorme Kraft. Das ist so, wir wissen das, der Punkt ist aber, dass das Pferd sich dessen meist nicht bewusst ist. So sollte es auch bleiben, weshalb wir nochmals den Punkt mit dem Einsatz von Kraft gegenüber Pferden aufgreifen wollen. Kein Mensch wird jemals die Kraft haben, ein Pferd zu halten. Selbst ein Shetlandpony wird sich immer losreißen können. Setzen Sie also auf Kraft im Umgang mit dem Pferd, sorgen Sie früher oder später dafür, dass das Pferd seine Kraft gegen Sie einsetzt, und Sie verhelfen ihm zu dem Wissen, dass es stärker ist als Sie. So kann es dann sein, dass es diese Kenntnis dafür nutzt, sich an der Hand oder an der Longe loszureißen, wenn es keine Lust hat, oder seinen Körper bewusst gegen den Menschen einsetzt, womit wir wieder bei der Gefahr wären.

Wir müssen uns immer vor Augen führen, dass gefährliche Situationen im Umgang mit Pferden natürlicherweise nur dann entstehen, wenn diese ihrem Fluchtinstinkt folgen, weil sie sich erschrecken und deshalb scheuen. Die Gefahr geht also nicht per se von der Kraft des Pferdes aus. Wir müssen uns also zwingend von dem Gedanken verabschieden, das Pferd beherrschen zu wollen, weil wir uns vor seiner Stärke fürchten. Stattdessen müssen wir beginnen, dem Pferd zu vertrauen und losgelassen mit ihm zu arbeiten. Überlegen Sie mal, wenn es wirklich auf den Einsatz von Gewalt ankäme, welches Pferd Sie dann noch freiwillig aufsteigen lassen würde, es sei denn, es wäre in seinem Willen bereits vollständig gebrochen.

Es geht also nicht darum, Gefahren zu vermeiden, indem wir das Pferd ungerecht behandeln, sondern vielmehr darum, die Welt durch die Augen des Fluchttiers zu sehen, potenzielle Gefahrenquellen dadurch frühzeitig einschätzen zu können und dementsprechend darauf zu reagieren. Und sollte das einmal nicht gelingen und das Pferd scheut vor etwas, das Sie nicht bemerkt haben, gilt es, Ruhe zu bewahren, das Pferd zu beruhigen und weiterzumachen, ohne den eventuell entstandenen Frust an ihm auszulassen. Wir müssen einfach beginnen, uns Gedanken zu machen, was passieren könnte, um nicht aus lauter Übermut unnötige

und für uns gefährliche Situationen zu provozieren. Dabei müssen wir aber unbedingt einen Mittelweg finden, der uns zum einen vor Waghalsig-
keit bewahrt, zum anderen aber nicht dazu führt,
dass wir solche Angst vor dem Partner Pferd entwickeln, dass wir immer vom Schlimmsten ausgehen und uns eigentlich gar nichts mehr trauen, da
ja ständig was passieren könnte. Ja, ein Fluchttier
kann theoretisch überall erschrecken und für uns
im schlimmsten Fall durchgehen, das heißt losrennen, ohne sich bremsen zu lassen, weil wegzu-
kommen das Einzige ist, was für es zählt. Aber
wenn wir jetzt anfangen, mit dieser Angst auf das
Pferd zu steigen, übertragen wir das auf das Tier,
wodurch es erst recht unsicher wird und in jeder
Ecke Gespenster sieht.

Sind Sie also eher der ängstliche Typ Reiter
und nicht der draufgängerische, werden Sie irgendwann an den Punkt kommen, an dem Sie sich
entscheiden müssen. Sie haben die Wahl dazwi-
schen, immer angstbesetzt zu sein und folglich immer weniger machen zu können, da das Pferd immer häufiger erschrecken wird, oder ihm zu vertrauen. Wer Spaß im Umgang mit diesen ein-
drucksvollen Tieren haben will, muss sich auch

auf das Abenteuer einlassen, das er nicht kalkulieren kann. Letztendlich weiß niemand, wie Pferde wirklich denken, daher wird ein Teil von ihnen für uns immer unberechenbar bleiben, dennoch wissen wir, dass Pferde auf Emotionen reagieren und sie, wenn sie ausreichend Vertrauen zum Menschen haben, bereit sind, für ihn alles zu geben und dabei oft genug über ihre Grenzen hinauszugehen.

Wenn wir uns also dafür entscheiden, dem Pferd zu vertrauen, bedeutet das, dass wir loslassen müssen und ein Stück vermeintlicher Kontrolle hergeben. Vermeintlich deshalb, weil ein Pferd, das am ganz kurzen Zügel gehalten wird, niemals entspannt laufen kann. Es wird also immer in Anspannung sein, vor allem dann, wenn es ohnehin schon in Habachtstellung ist. Geben wir den Zügel aber nach und lassen zu, dass es den Kopf entspannt nach unten nimmt und sich richtig dehnen kann, wird es viel ruhiger laufen. Gleiches gilt auch für bereits beschriebene Situationen, in denen das Pferd einen Gegenstand gern genauer betrachten würde. Lassen Sie das zu und geben Sie ihm den langen Zügel oder den Strick, je nachdem, ob Sie gerade reiten oder spazieren gehen, wird es

viel seltener scheuen, als würden Sie ihm das ver-
wehren. Loszulassen und dem Pferd Vertrauen zu
schenken, bedeutet Leichtigkeit in der Beziehung,
denn das Verhältnis von Mensch und Pferd basiert
nicht darauf, dass einer den anderen dominiert,
sondern auf dem Austausch von Energien, sodass
durch indirektes Gefühl miteinander kommuniziert werden kann. Wie genau Sie das praktizieren
können, werden Sie gleich im nächsten Kapitel erfahren.

Um beim Thema Vertrauen zu bleiben, seien Sie
eingeladen, ganz ehrlich zu sich zu sein und sich
zu fragen, wie oft Sie auf die Intuition Ihres Pferdes gehört und ihm vertraut haben. In den meisten
Fällen läuft es so ab, dass wir dem Pferd unseren
Willen aufzwingen.

Das kann zum Beispiel dann der Fall sein,
wenn wir auf einem Ausritt sind, das Pferd etwas
entdeckt hat, an dem es nicht vorbei möchte, und
wir es dann zwingen, daran vorbeizugehen, indem
wir massiv mit dem Bein Druck machen oder die
Gerte falsch verwenden, etc. Richtig wäre es an
dieser Stelle, die Angst des Pferdes ernst zu nehmen. Wie wir bereits wissen, ist es gut möglich,
dass es etwas riecht, hört oder sieht, was wir gar

nicht wahrnehmen können. Also vertrauen wir ihm, dass es einen Grund hat, stehen zu bleiben. Wir lassen den Zügel lang und geben mit dem Schenkel das Signal, dass wir vorwärts reiten wollen. Bleibt es weiterhin stehen, können wir nochmals deutlicher zeigen, dass wir gern weiter möchten. Wenn das Pferd der Einschätzung seines Reiters vertraut, wird es, wenn auch zögerlich, vorwärtsgehen. Dann ist es wichtig, es zu loben. Jeder kleine Schritt wird belohnt. Um ihm außerdem mehr Sicherheit zu geben, die es in der Entscheidung, seinem Reiter zu vertrauen, bestärken soll, kann es hilfreich sein, ihm beruhigend zuzusprechen.

Sollte das Pferd allerdings nicht genug Vertrauen haben, zurückweichen, obwohl kein Zug auf dem Zügel ist, oder gar auf dem Absatz kehrt machen wollen, ist das auch nicht schlimm. Es kommt dann nur auf die richtige Reaktion des Menschen an, der niemals versuchen sollte, es mit Gewalt in die Richtung zu treiben, in die er gern reiten möchte. In diesem Fall ist es immer ratsam, abzusteigen, das Pferd zu beruhigen, es ein Stück zu führen, bis es sich wieder entspannt hat, und erst dann wieder aufzusteigen. Weder dem

Menschen noch dem Pferd ist damit geholfen, wenn es Ungeduld und Ärger seines Reiters erfährt, die im schlimmsten Fall in Gewalt ausarten. Es würde dann nur in seiner Angst bestärkt und auf keinen Fall abspeichern, dass der Gegenstand oder was auch immer der Grund für sein Stehenbleiben gewesen ist, ungefährlich ist, und sich bei der nächsten Begegnung wieder so verhalten oder sogar direkt versuchen, zu flüchten, weil das negative Handeln des Menschen die negativen Gefühle des Pferdes verstärkt hätte.

Wir müssen uns immer wieder bewusst werden, dass Pferde in den meisten Fällen nur langsam Vertrauen aufbauen und dieses vor allem durch Erfahrungen gestärkt wird, die positiver Natur sind. Vertrauensbildende Maßnahmen sind dann zum Beispiel Spaziergänge, die geprägt von unbekannten Gegenständen und Geräuschen sind. Wenn das Pferd immer wieder erlebt, dass ihm nichts passiert und der Mensch es beschützt, wird es sich nach und nach sicherer bei ihm fühlen. Dabei kann es auch helfen, es Gegenstände inspizieren zu lassen, indem man sich diesen nähert, wie das Pferd es tun würde, wenn es allein wäre. Dazu bleibt man vorerst stehen und lässt das Pferd schauen. Hat es Angst, wird es vermutlich den Hals wölben, die Ohren werden auf den Gegenstand gerichtet, die Augen weit aufgerissen sein und eventuell wird es schnorchelnde Geräusche von sich geben, die seiner Unsicherheit Ausdruck verleihen. Wenn man nun stehen bleibt, merkt das Pferd, dass auch der Mensch die potenzielle Gefahr erkannt hat, was gleichzeitig die Beziehung stärkt, denn wie sollte es sich der Führung anschließen, wenn der Führende potenzielle Gefahren nicht erkennt?

Hat man das Pferd dann ein paar Sekunden schauen lassen, geht man ein paar Schritte weiter auf den Gegenstand zu, bevor man erneut stehen bleibt. Auch jetzt wartet man wieder einige Sekunden, bevor man noch näher herangeht. Das wiederholt man so lange, bis der Gegenstand erreicht ist und das Pferd ihn in Ruhe beschnuppern kann. Am besten lässt man das Pferd sich dem Gegenstand auch noch mit dem anderen Auge betrachten, um eine Verknüpfung für beide Gehirnhälften sicherzustellen. Bei dieser Übung ist es sehr wichtig, dem Pferd gegenüber viel Geduld zu haben, denn es kann sein, dass es so ängstlich ist, dass ein Annäherungsversuch gar nicht erst möglich ist oder nicht bis zum Ende durchgeführt werden kann, weil es lieber flüchten will. Das ist nicht schlimm. Wichtig ist dann nur, Ruhe zu bewahren, das Pferd nicht kopflos wegrennen zu lassen und die Übung einfach zu einem späteren Zeitpunkt fortzusetzen.

Wiederholungen sind hier der Schlüssel, denn nur so lernt das Pferd. Wenn es immer wieder die Erfahrung macht, dass ihm nichts passiert, wenn der Mensch es an der gruseligen Holzbank vorbeiführt, wird es irgendwann bereit sein, in sicherer Entfernung auch mal stehen zu bleiben. Ist dieser Schritt geschafft, kann man immer mal wieder versuchen, sich der Bank zu nähern. Irgendwann wird auch das gelingen. Und möglicherweise schafft man es auch eines Tages, dass das Pferd seine Angst vor Holzbänken gänzlich verliert, weil es die Erfahrung gemacht hat, dass es in Begleitung seines Menschen davon nichts zu befürchten hat. Ob es also an einem Tag bis zur Holzbank vordringt oder es Wochen oder Monate des Trainings bedarf, hängt ganz individuell von der Persönlichkeit des Pferdes ab und der Ruhe und Geduld seines Führers.

TIPPS FÜR DAS TRAINING IM ALLTAG

Um diesen Ratgeber dahin gehend praxisorientiert zu gestalten, dass Sie richtig davon profitieren können, sollen Sie nun einige Tipps erhalten, mit denen Sie künftig den Alltag mit Ihrem Pferd gestalten können.

Es gibt viele verschiedene Ansätze, die Beziehung zum Pferd zu stärken. Bodenarbeit haben wir bereits genannt. Sie ist das Mittel der Wahl, das bei jedem Pferd Anwendung finden kann. Deshalb sollen Sie hierfür einige Übungen erhalten, die Sie mit Ihrem eigenen Pferd ausprobieren können.

Bodenarbeit ist sehr wichtig für die Arbeit mit Pferden, denn was vom Boden aus nicht klappt, wird auch beim Reiten niemals funktionieren. Wichtig ist, dass Sie Ihr Pferd niemals überfordern, um bei ihm keine Ängste zu schüren. Verlangen Sie also nie zu viel von ihm, denn es muss bei der Bodenarbeit immer aufmerksam sein und Ihnen genau zuhören, was sehr viel geistige Anstrengung erfordert. Loben Sie es viel mit Leckerlis, Ihrer Stimme, Kraulen oder Streicheln. Ihr

Pferd wird Ihnen schon zeigen, auf welche Art der Belohnung es am meisten anspricht.

Erste Übung: <u>Vorhandwendung</u>

Sei es beim Putzen oder Führen: Wir müssen in der Lage sein, das Pferd zu bewegen. Das klingt oft einfacher, als es ist, denn das Pferd muss erst einmal das Signal erhalten, welches Körperteil es überhaupt bewegen soll.

Ziel ist es, dass die Vorderbeine des Pferdes stehen bleiben, während es mit der Hinterhand um diese herumtritt.

Am besten ist es, wenn Sie diese Übung in der Halle oder auf dem Platz durchführen, indem Sie das Pferd auf den Hufschlag stellen, sodass es auf einer Seite die Begrenzung der Wand oder einer Absperrung hat.

Halten Sie es am Halfter und führen Sie seinen Kopf nach außen. Tippen Sie die Kruppe an und loben Sie jeden Impuls, die Hinterbeine zu bewegen, sofort. Schaffen Sie es, dass es die Hinterhand zur Bahnmitte bewegt, sind Sie auf dem richtigen Weg. Wichtig ist nur, dass die Bewegungen kontrolliert erfolgen.

Funktioniert die Übung auf dem Hufschlag, können Sie eine Stufe höher gehen und versuchen Sie, sie in der Hallenmitte auszuführen. Dabei müssen Sie dann aufpassen, dass Ihr Pferd nicht über die Schulter davonläuft.

Klappt diese Übung gut, können Sie sie in vielen alltäglichen Situationen einsetzen, wie etwa am Putzplatz, wenn Sie Ihr Pferd ein paar Schritte seitlich bewegen wollen.

Zweite Übung: <u>Hinterhandwendung</u> (Sie benötigen eine Gerte)
Diese Übung ist genau wie die vorherige mit dem Unterschied, dass die Hinterbeine stehen bleiben und das Pferd mit der Vorhand um diese herumtritt.

Üben Sie auch diese Lektion wieder auf dem Hufschlag mit seitlicher Begrenzung.

Stellen Sie sich wieder frontal vor das Tier, halten Sie es am Halfter und führen Sie seinen Kopf von Ihnen nach innen weg. Tippen Sie dabei seine äußere Schulter leicht mit der Gerte an. Diese dient Ihnen lediglich als Verlängerung Ihres Arms.

Jede Gewichtsverlagerung des Pferdes auf die innere Schulter muss umgehend belohnt werden. So erreichen Sie mit viel Geduld, dass es irgendwann im Halbkreis mit der Vorhand um die Hinterhand tritt. Auch hier gilt, dass die Bewegungen langsam und korrekt ausgeführt werden sollen, denn das Pferd soll lernen, seine Hufe bewusst zu setzen.

Dritte Übung: <u>Rückwärtsrichten</u> (Sie benötigen eine Gerte)
Stellen Sie sich wieder vor Ihr Pferd. Am besten führen Sie die Übung wieder auf dem Hufschlag aus, um zu gewährleisten, dass Ihr Pferd möglichst gerade rückwärts weichen kann.

Tippen Sie mit der Gerte auf seine Brust und verlagern Sie Ihr Körpergewicht in seine Richtung. Während Sie sich auf es zubewegen, sollten Sie am Halfter Impulse geben, die das Tier auffordern sollen, nach hinten zu gehen.

Loben Sie wieder jede Gewichtsverlagerung in diese Richtung, auch wenn es noch keinen Schritt macht.
Irgendwann wird es flüssig rückwärtsgehen.

Vierte Übung: <u>Bein hochnehmen</u> (Sie benötigen eine Gerte)

Stellen Sie sich diesmal nicht vor, sondern seitlich neben Ihr Pferd und berühren Sie mit der Gerte ganz leicht sein Röhrbein von hinten. Versuchen Sie, es zu kitzeln, damit es, wie beim Abwehren einer Fliege, das Bein hebt.

Klappt das nicht, können Sie mit der Hand nachhelfen, indem Sie die gleiche Bewegung wie zum Hufe-Geben ausführen.

Sobald es auf das Zeichen der Gerte reagiert, können Sie ihm beibringen, dass es das Bein so lange oben halten soll, wie es von der Gerte berührt wird. Die Gerte muss demnach aufhören zu kitzeln, wenn das Bein angehoben wurde und ruhig an dieses angelegt werden.

Auch hier muss jeder kleine Schritt gelobt und die Intensität der Übung in kleinsten Schritten gesteigert werden. Sie können das an allen vier Beinen probieren.

Die Übungen im nächsten Abschnitt zeigen den Einsatz von Spielen.

Erste Übung: <u>Ballspiele Teil 1</u> (Sie benötigen einen Gymnastikball)

Ziel soll sein, dass das Pferd Kontakt zum Ball aufnimmt. Führen Sie die Übung am besten auf dem Platz oder in der Halle aus, wo Sie Ihr Pferd freilaufen lassen dürfen.

Lassen Sie den Ball dafür einfach eine Weile liegen, bis es sich ihm von selbst nähert. Tut es das nicht, können Sie zum Ball gehen und es zu sich locken. Jede Bewegung Richtung Ball muss gelobt werden und sei es nur durch Ihre Stimme. Auch ein Blick des Pferdes in die Richtung des Balls soll dabei gelobt werden.

Sobald es bereit dazu ist, ihn zu berühren, müssen Sie alles, was es mit ihm macht, bestärken. Es kann sein, dass es ihn mit der Nase anstupst, mit dem Bein bewegt oder ihn durch die Bahn befördert. Hat es die Angst vor dem unbekannten Gegenstand erst mal verloren, können Sie beginnen, ihn in seine Richtung zu rollen. Wenn Ihr Pferd das mitmacht, können Sie das Spiel als Anti-Schreck-Training betrachten. Dann können Sie ihn vielleicht sogar über es drüber werfen, ohne dass es davonläuft.

Pferde können auch lernen, Dinge zu apportieren. Wie das geht, verrät uns die nächste Übung.

Zweite Übung: <u>Apportieren</u> (Sie benötigen einen Gegenstand Ihrer Wahl und einen Korb)

Bringen Sie dem Pferd bei, einen bestimmten Gegenstand in dem Korb abzulegen, indem Sie ihm zunächst zeigen, dass es den Gegenstand mit dem Maul aufheben soll. Legen Sie diesen also vor das Pferd und belohnen Sie wieder jede Bewegung und Geste, die es in seine Richtung macht. Sie wollen erreichen, dass es hineinbeißt, um ihn aufheben zu können. Sie können die Übung auch dahin gehend modifizieren, dass Sie dem Pferd beibringen, Gerten etc. für Sie aufzuheben und Ihnen zu überreichen.

Wollen Sie die Übung mit dem Korb zu Ende führen, halten Sie ihn dem Pferd hin, sobald es den Gegenstand im Maul hat. Sie müssen schnell sein, damit der Gegenstand in den Korb fällt, sobald das Pferd loslässt. Loben Sie es wieder vermehrt. Hat es erst mal verstanden, dass der Gegenstand in den Korb gelegt werden soll, können Sie die nächste Stufe einleiten und den Korb ein paar Schritte entfernt aufstellen, sodass es den Gegenstand dorthin transportieren muss.

Dritte Übung: <u>Tanzen</u> (Sie benötigen eine Gerte)

Ziel dieser Übung ist das gemeinsame Überkreuzen Ihrer und der Vorderbeine des Pferdes. Neben der spielerischen Ausführung erreichen Sie das Leichtwerden in der Schulter Ihres Pferdes. Nutzen Sie sie auch, wenn Sie es ablenken wollen, um seine Aufmerksamkeit von potenziellen Gefahren auf sich zu ziehen.

Geben Sie, während Sie frontal vor dem Pferd stehen, mit der Gerte die Hilfe des Antippens der äußeren Schulter. Jeder Impuls des Anhebens des Beins muss belohnt werden. Das Pferd soll im Ergebnis mit überkreuzten Beinen vor Ihnen stehen.

Sobald es das getan hat, überkreuzen Sie Ihre Beine. Setzen Sie Ihr Bein wieder in die Ausgangsposition zurück und verlangen Sie von Ihrem Pferd das Gleiche.

Gleiches üben Sie mit dem anderen Vorderbein, sodass das Pferd irgendwann in der Lage ist, beide Vorderbeine im Wechsel zu kreuzen.

Wenn das gut funktioniert, erhöhen Sie den Schwierigkeitsgrad, indem Sie sich neben das Pferd stellen und mit ihm in die gleiche Richtung schauen. Bald werden Sie nebeneinander tanzen können.

Sie können die Bodenarbeit auch gymnastizierend ausführen, um es gesund zu erhalten.

Für diese Übungen benötigen Sie einen Kappzaum, der es ermöglicht, den Pferdekopf exakt zu positionieren.

Erste Übung: Gestellt führen

Beginnen Sie damit, das Pferd zu führen, ohne es zu stellen. Begeben Sie sich auf die Höhe seines Kopfes und bringen Sie Ihre Hüfte auf Höhe seiner Nase. Sie müssen dann mit Ihrer Hand das Nasenteil des Kappzaums berühren. Können Sie so entspannt einige Schritte laufen, locken Sie das Pferd sanft nach innen zu sich. Sie wollen erreichen, dass es im Genick loslässt, ohne nach innen zu Ihnen zu kommen oder sich im Hals zu verspannen. Sie müssen wieder jeden Impuls zum gewünschten Ergebnis bestärken. Am besten führen Sie die Übung von beiden Seiten aus, sodass das Pferd sowohl nach links als auch nach rechts gestellt werden kann. Sie können diese Übung auf verschiedenen Bahnfiguren anwenden und die Intensität und Dauer dabei jeweils langsam steigern.

Zweite Übung: Schulterherein

Trainieren Sie wieder in der Halle oder auf dem Platz auf dem Hufschlag. Führen Sie dabei Ihr Pferd auf einer Volte gestellt. Ist die Volte zu Ende, deuten Sie an, diese erneut zu gehen. Wenn das Pferd jedoch den Hufschlag mit der Vorhand verlässt, ändern Sie die Richtung und gehen Sie an der langen Seite entlang. Sie müssen sich zum Pferd drehen und seinen Kopf so positionieren, dass es auf Ihre Brust schaut. Nach ein paar Schritten führen Sie das Pferd wieder auf eine Volte und beenden somit die Übung. Sie können diese sowohl im Schritt als auch im Trab durchführen.

Zum Schluss sollen Sie noch eine Übung zur Freiarbeit erhalten. Wie der Name schon sagt, wird gänzlich auf Hilfsmittel verzichtet. Die Kommunikation erfolgt also durch indirektes Gefühl. Mittels der Freiarbeit können Sie überprüfen, wie gut Sie bereits in der Lage sind, mit Ihrem Pferd zu kommunizieren. Es kann also gut sein, dass die Freiarbeit zwischen Ihnen und Ihrem Pferd noch nicht funktioniert. Seien Sie dann nicht frustriert, sondern üben Sie sich in Geduld. Arbeiten Sie dann einfach weiter an der Bodenarbeit und versuchen Sie, Ihre Hilfen feiner zu geben und Ihre

Körpersprache zu verbessern, dann werden Sie bestimmt auch eines Tages in den Genuss kommen, dass Ihr Pferd Ihnen wie durch ein unsichtbares Seil zu folgen beginnt.

Übung: <u>Führen</u>

Probieren Sie mal aus, ob das Pferd bereit ist, Ihnen zu folgen, wenn Sie kein Halfter benutzen. Geht es mit Ihnen mit, können Sie testen, ob es auch stehen bleibt, wenn Sie anhalten. Am besten üben Sie an einem Ort, an dem es wenig Ablenkung gibt. Halle oder Platz bieten sich anfänglich hervorragend an. Auch diese Übung kann in ihrem Anspruch gesteigert werden, indem Sie das Pferd dazu auffordern, neben Ihnen her zu traben oder sogar zu galoppieren.

Herstellung und Verlag:

BoD – Books on Demand, Norderstedt

ISBN: 9783756817634

1. Auflage

Kontakt: Psiana eCom UG/ Berumer Str. 44/ 26844 Jemgum

Covergestaltung: Fenna Larsson

Coverfoto: depositphotos.com